Een overdosis GIRLpower